KUNO im Krankenhaus

Wie ein tapferer Kerl wieder gesund wird

KUNO

KINDER
UNI
KLINIK
OSTBAYERN

In unserer Stadt gibt es ein Universitätsklinikum. Abgekürzt wird es auch Uniklinik genannt. Unter einem Universitätsklinikum müsst ihr euch ein besonders großes Krankenhaus vorstellen. Kindern und Erwachsenen wird hier geholfen, schnell wieder gesund zu werden. Junge Menschen lernen dort Berufe, mit denen sie Kranken helfen können. In einem Universitätsklinikum wird auch geforscht, das heißt, es wird herausgefunden, wie man Krankheiten besser heilen kann.

In dieser Klinik haben wir ein Maskottchen, das ist ein Glücksbringer. Kuno wird er genannt und ist ein wunderschöner blauer Rabe. Besonders um die Kinder in der Klinik kümmert sich Kuno. Auch heute will er ein paar kranke Kinder besuchen. Doch alles kommt ganz anders!

Kuno dreht seine Runden über dem Krankenhaus. Plötzlich entdeckt er seine Freundin Henriette. Sie kommt gerade mit ihrer Mutter aus dem Haupteingang. Die beiden haben einen Krankenbesuch gemacht. Schnell will Kuno zu Henriette fliegen. Peng ... jetzt hat er den Fahnenmast übersehen. Henriette schaut zum Himmel. Kuno versucht eine Notlandung! Er fliegt ganz tief und nah an Henriette und ihrer Mutter vorbei. Plumps ... Kuno landet hart mit dem Schnabel auf den Pflastersteinen und fällt auf seinen Flügel.

„Mama, komm schnell, das ist Kuno! Er ist abgestürzt. Wir müssen ihm helfen!"

Schon rennt Henriette zu Kuno und kniet sich neben ihn. „Kuno, was ist passiert?"

„Oh, aah", stöhnt Kuno, „ich habe den Fahnenmast nicht gesehen und bin etwas hart gelandet. Mir tut der Schnabel weh und ich glaube, ich habe mir eine Feder gebrochen."

„Du Armer", sagt Henriette voll Mitleid. „Das musst du einem Doktor zeigen. Du brauchst auch ein Pflaster für deinen Schnabel."

Während Henriette den armen Kuno tröstet, eilt ihre Mutter an die Pforte, den Eingang der Klinik. Kurz darauf kommt sie mit einem Krankenpfleger zurück, der einen Rollstuhl schiebt.

„Komm Kuno, ich bringe dich zur Notaufnahme." Vorsichtig hilft der Krankenpfleger Kuno, sich in den Rollstuhl zu setzen und erklärt: „Es gibt hier eine extra Abteilung. Wir nennen sie Notaufnahme. Hier warten geschulte Ärzte auf Kranke, denen besonders schnell geholfen werden muss."

Henriette kann ihm gerade noch zurufen: „Hab keine Angst Kuno, hier hilft man dir. Morgen besuch ich dich."

In der Notaufnahme wird Kuno schon von einer Ärztin erwartet. „Hallo, ich bin Doktor Maxi. Ich werde dich jetzt untersuchen. Wo tut es dir denn weh?"

„Mein Schnabel und mein linker Flügel tun weh", klagt Kuno. „Hm, dein Schnabel hat eine Schramme", stellt Doktor Maxi fest und erklärt Kuno: „Das machen wir sauber."

Kuno spürt, dass ihm mit einem feuchten Tuch über den Schnabel gewischt wird. Es ist wie Gesicht waschen. Dann klebt ein tolles rotes Pflaster mitten auf seinem schönen gelben Schnabel.

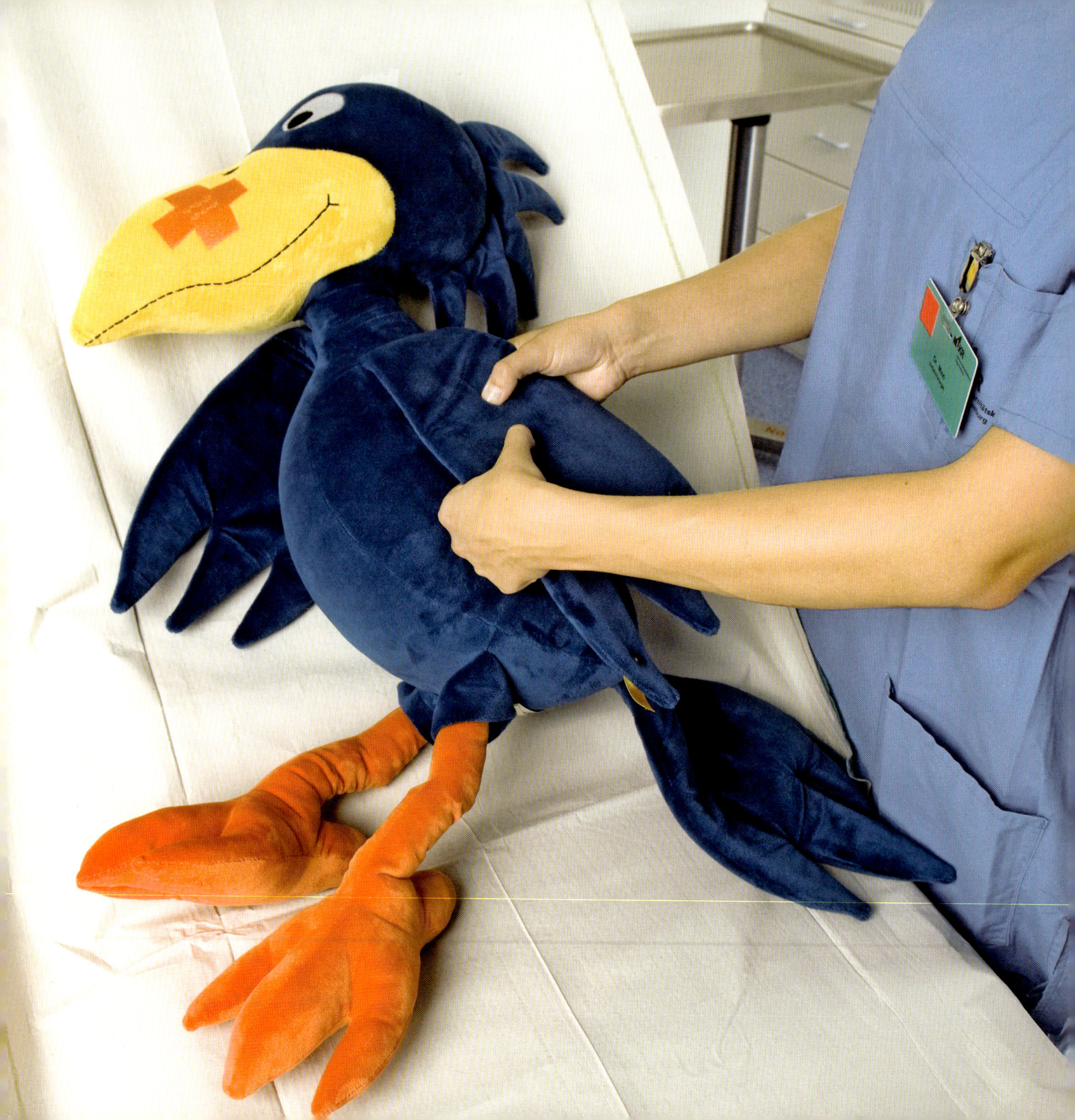

Nun untersucht Doktor Maxi vorsichtig Kunos Flügel.

„Ich sehe, eine deiner Federn könnte gebrochen sein", bemerkt sie.

„Das müssen wir röntgen."

„**Was ist Röntgen**?" fragt Kuno.

„Diese Untersuchung ist nach dem Arzt Wilhelm Röntgen benannt. Er entdeckte vor langer Zeit eine Methode, unter die Haut zu schauen, ohne sie zu verletzen. Mit einem großen Apparat wird ein Foto gemacht. Wir können so auch ganz kleine Verletzungen tief unter der Haut sehen", erklärt Doktor Maxi.

„Foto klingt nicht schlimm. Ich bin schon oft fotografiert worden", sagt Kuno.

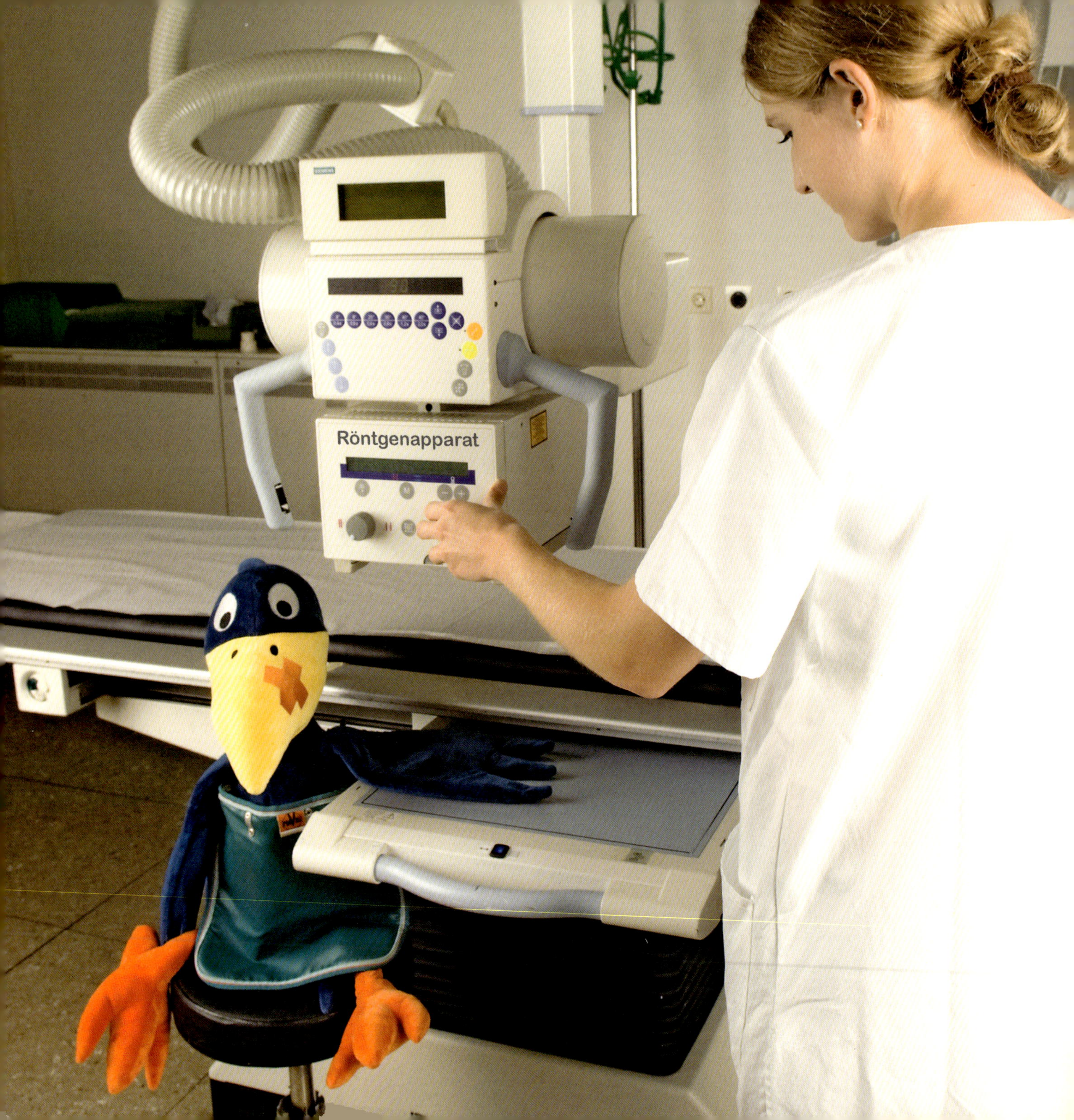
Röntgenapparat

In der Röntgenabteilung bekommt Kuno von einer freundlichen Frau eine Schürze umgebunden. Sie ist sehr schwer.
„Wozu ist das"? fragt Kuno.

Die nette Frau erklärt ihm, dass die Schürze seinen Bauch vor den Röntgenstrahlen schützt. „Die Strahlen, die wir brauchen, um das Foto zu machen, wären für deinen Bauch nicht gesund. Deshalb schützen wir ihn mit dieser dicken Schürze."

Der Fotoapparat sieht ganz anders aus als die, die Kuno kennt. Er ist viel größer. Vorsichtig legt die Frau Kunos verletzten Flügel auf ein Tablett. Ein kleines Licht beleuchtet Kunos Flügel. Der große Kasten surrt. Und schon ist das Bild fertig.

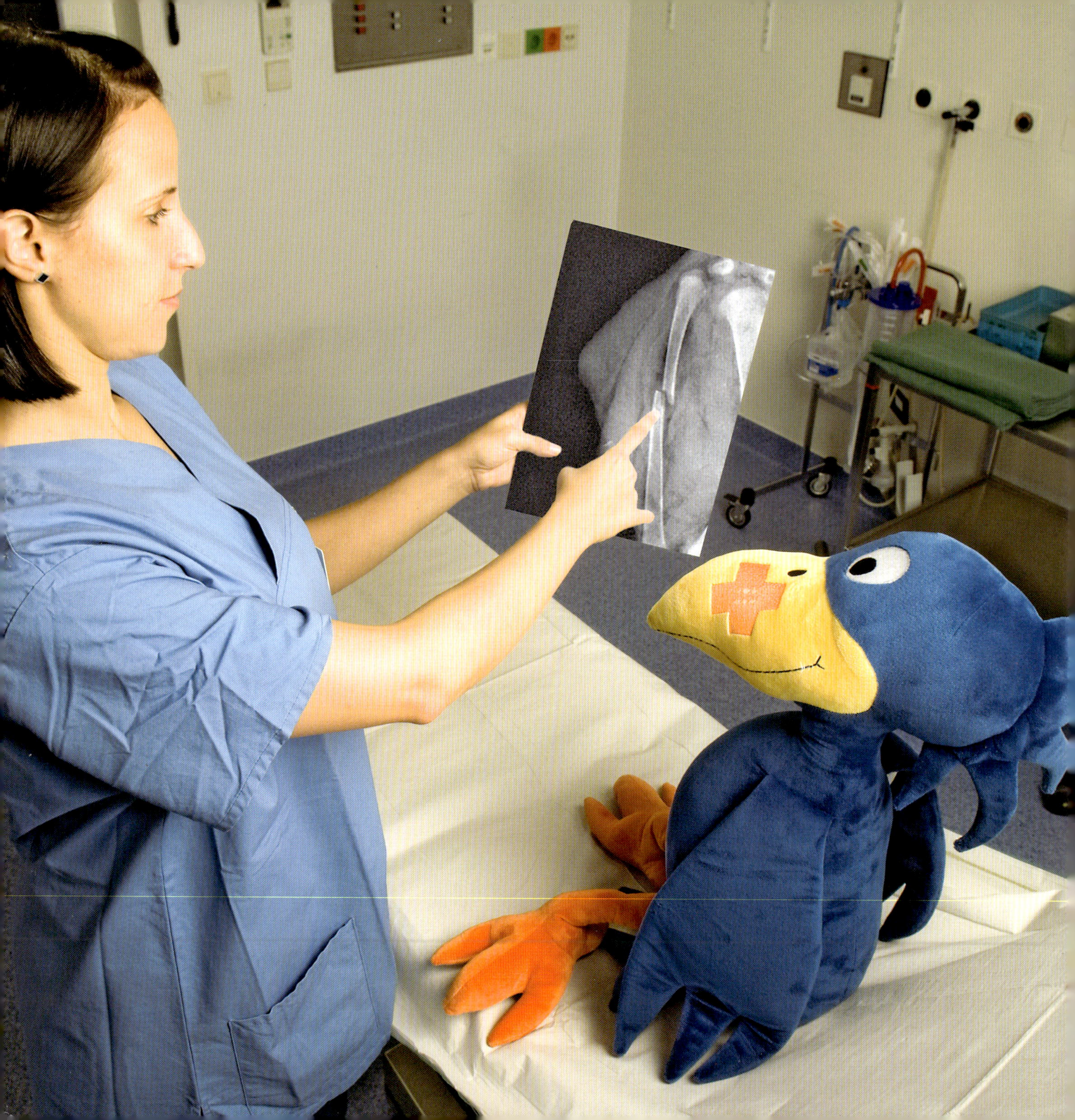

Kuno wird wieder zu Doktor Maxi gebracht. Stirnrunzelnd betrachtet sie das Foto und sagt: „Kuno, schau her, hier ist eine Feder gebrochen. Die müssen wir wieder gerade biegen, sonst kannst du nicht mehr fliegen."
„Gerade biegen tut doch bestimmt sehr weh!" seufzt Kuno ängstlich.
„Da brauchst du keine Angst zu haben, Kuno", beruhigt ihn Doktor Maxi. „Ich rufe einen Narkosearzt."

„Wozu brauche ich einen Narkosearzt?" fragt Kuno.
„Der Narkosearzt wird dafür sorgen, dass du tief schläfst, wenn wir deinen Flügel richten. So spürst du gar nichts. Er hat in vielen Jahren gelernt, die Kranken ohne Schmerzen in Träume zu versetzen. Diesen Schlaf nennt man ‚Narkose'. Das Wort kommt aus der griechischen Sprache und heißt übersetzt einfach Schläfrigkeit." Kuno ist stolz, dass er wieder etwas dazu gelernt hat.

Doktor Maxi greift zum Telefon.

Wundverschluss
DERMABOND

Kurze Zeit später betritt ein weiterer Arzt den Raum.
„Hallo Kuno", grüßt er fröhlich, „ich bin Doktor Pit, ich sorge dafür, dass du gut schläfst, wenn deine Feder gerichtet wird."

„Nur, wie soll ich denn schlafen, wenn ich gar nicht müde bin?" fragt Kuno.
„Dafür haben wir eine tolle Zaubermedizin", antwortet Doktor Pit.
„Als Saft?" überlegt Kuno laut.

„Du bekommst jetzt von mir einen kleinen Schluck Saft, dann wirst du überhaupt nicht aufgeregt sein", erwidert Doktor Pit.
„Außer dem kleinen Schluck Saft darfst du nichts mehr essen und trinken, sonst würde dein Bauch ganz schlimm grummeln, wenn du schläfst.

Für die Narkose geben wir dir über deine Blutbahn ein Medikament. Davon schläfst du ein und wirst toll träumen. Überlege dir schon einmal, wovon du träumen willst!"

„Was ist eine Blutbahn?" will Kuno wissen.
„Das sind Wege in deinem Körper, auch Adern und Venen genannt, durch die das Blut fließt. Wir schieben in eine dieser Venen einen klitzekleinen Schlauch. Durch den können wir dir die Schlafmedizin geben", erklärt Doktor Pit.

„Aber tut das nicht weh?" fragt Kuno ängstlich.
„Nein, dafür haben wir ein spezielles Pflaster. Dieses Pflaster kleben wir auf die Stelle, unter der dein Blutweg verläuft. So wird dir nachher nichts weh tun und du wirst nichts spüren", erklärt Doktor Pit. „Ja, dann machen wir das so", seufzt Kuno tapfer. „Meine Feder muss ja wieder heil werden."

„Kuno, ich möchte noch auf dein Herz hören und dir in den Schnabel schauen", meint Doktor Pit. Er zieht aus seiner Tasche ein seltsames Teil, ein Hörrohr, das er auf Kunos Brust setzt. Es fühlt sich kalt an.

Doktor Pit lauscht aufmerksam.
„Möchtest du auch mal hören?" fragt Doktor Pit.
„Ja", antwortet Kuno begeistert. Schon steckt der Doktor Kuno zwei Stöpsel in die Ohren. Kuno hört sein eigenes Herz. „Bum, bum, bum" macht es.

„Könntest du jetzt einmal deinen Schnabel weit aufmachen", bittet Doktor Pit Kuno. Der reißt seinen Schnabel auf und Doktor Pit kann hineinschauen.

Anschließend wird Kuno in die Operationsabteilung gebracht. Unterwegs denkt er darüber nach, wovon er träumen will. Durch lange Gänge wird Kuno geschoben. Wie von Zauberhand öffnet sich eine große Schiebetür. Sie führt in einen kahlen Raum. Viele Sachen stehen hier nicht, denkt Kuno bei sich. Genau genommen steht hier nur ein schmaler Tisch mit Rädern. Eine andere Schiebetür öffnet sich.

Eine Frau kommt zu Kuno. Sie ist ganz grün angezogen. Ihre Haare sind unter einer grünen Mütze versteckt. „Guten Tag, Kuno", sagt sie. „Ich bin die Rosi und arbeite hier in der Narkoseabteilung. Während du schläfst, werde ich mit Doktor Pit zusammen auf dich aufpassen. Kannst du bitte auf den Tisch klettern?" Schwups klettert Kuno hinauf und wird von Rosi mit einer kuschelig warmen Decke zugedeckt. „Hier habe ich das Pflaster, von dem dir Doktor Pit schon erzählt hat. Darf ich dir das jetzt auf deinen gesunden Flügel kleben?"
Kuno nickt und hält Rosi seinen gesunden Flügel entgegen. Schon klebt das durchsichtige Pflaster auf seinem Flügel.

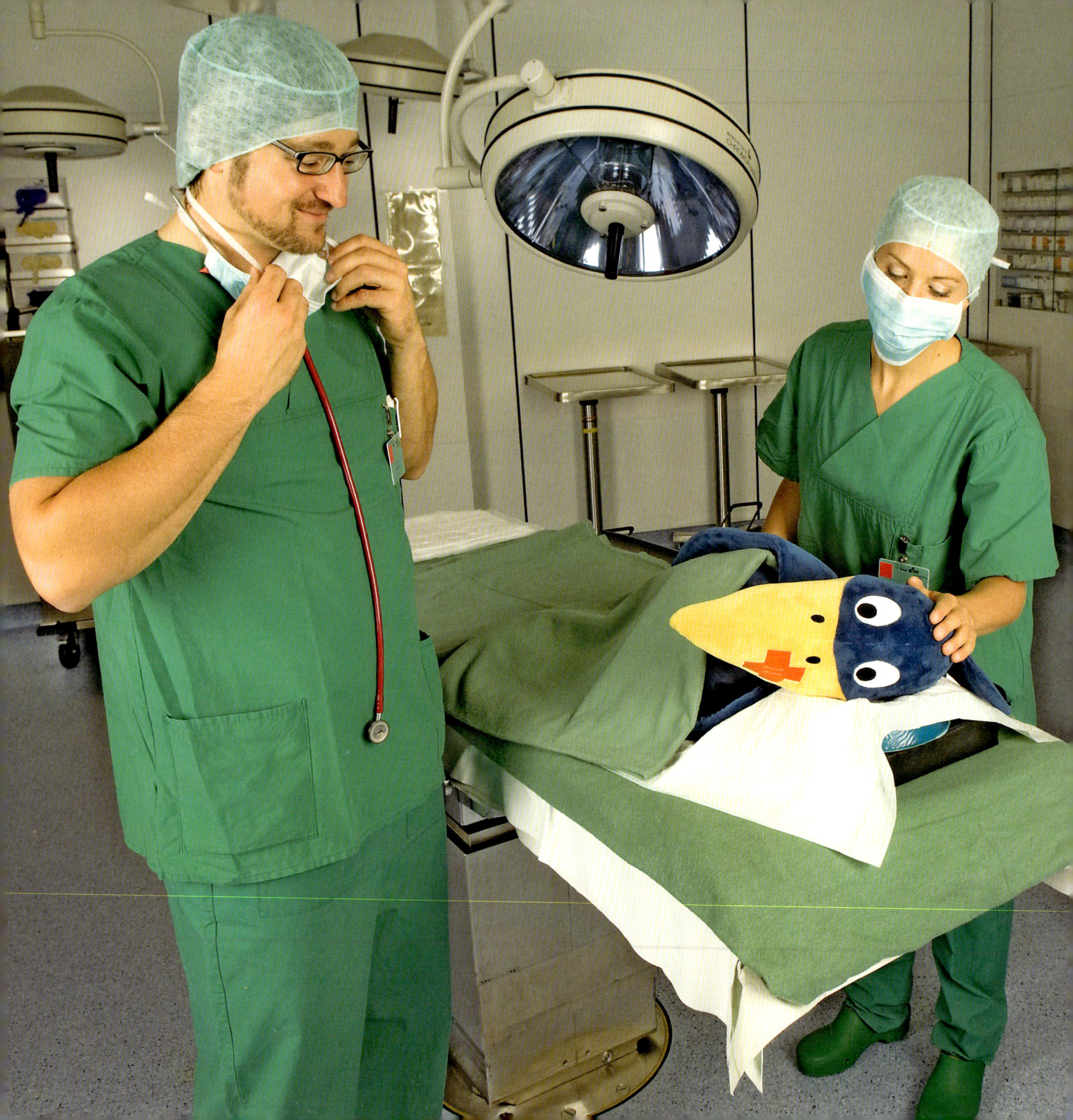

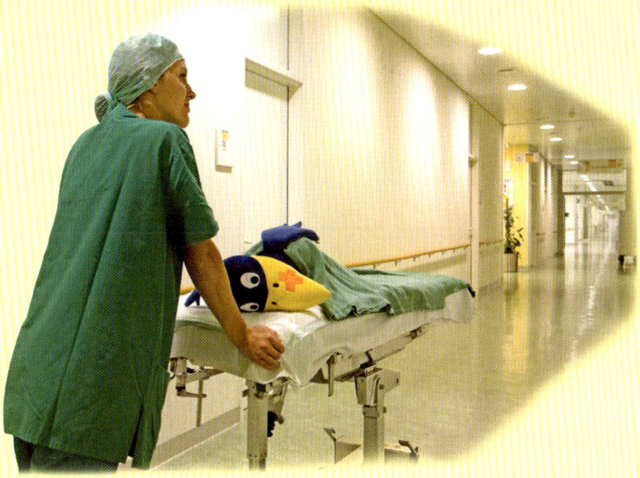

Rosi fährt den Tisch mit Kuno durch einen langen Flur in ein Zimmer, in dem schon Doktor Pit auf Kuno wartet. Auch er ist ganz grün angezogen. Mit der Mütze auf dem Kopf sieht er richtig lustig aus.

Vor Mund und Nase hat er ein Tuch gebunden. Kuno erkennt ihn kaum, bis Doktor Pit kurz den Mundschutz herunterzieht. Kuno schaut sich in dem Zimmer um. Komische Sachen hängen da von der Decke.
„Hallo, da bist du ja wieder", grüßt Doktor Pit. „Du wirst jetzt von uns mit ein paar Kabeln verbunden", erklärt er. Hilfe! denkt Kuno, was soll das jetzt?
Rosi zieht sich blaue Handschuhe über.
„Ist dir kalt oder warum ziehst du Handschuhe an?" fragt Kuno.
„In einem Operationssaal muss alles ganz sauber sein. So sauber, wie man sich die Hände gar nicht waschen könnte. Deshalb arbeiten wir mit Handschuhen", erklärt Rosi.

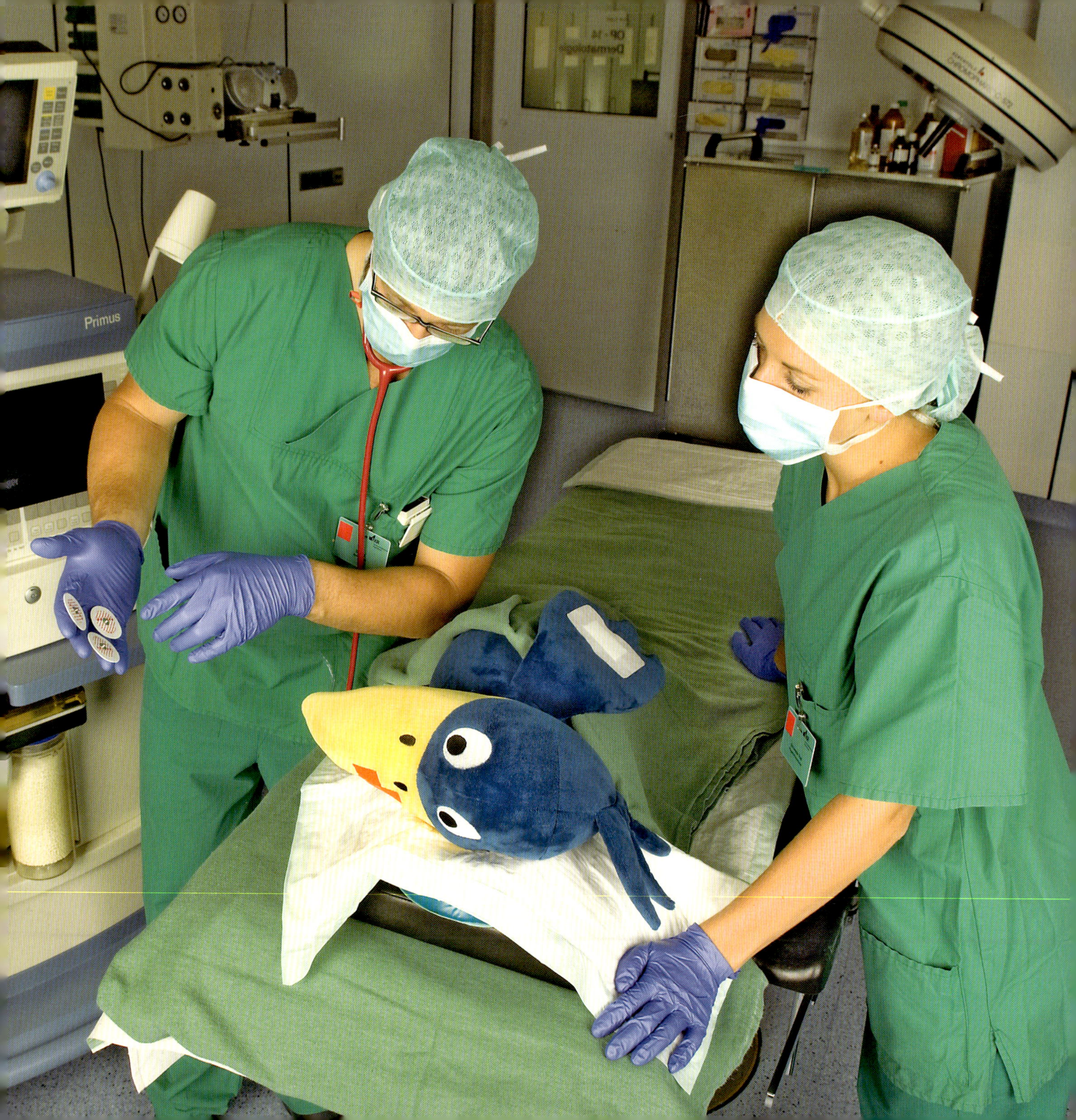
Primus

Doktor Pit steht neben ihm und zeigt ihm drei weiße runde Aufkleber. „Schau her, Kuno, diese drei Aufkleber werden jetzt auf deine Brust geklebt. Daran kommen drei bunte Klipse mit Kabeln. Schau einmal auf unseren Fernseher!"

Kuno ist dieses Gerät noch gar nicht aufgefallen. Jetzt, wo es Doktor Pit sagt, bemerkt er den Monitor. Aber was ist das für ein Programm? „Die gezackte grüne Linie ist dein Herzschlag", erklärt Rosi. „Jetzt befestigen wir noch eine kleine Klammer an deinem Flügel." Schwups, da ist sie schon. In der Klammer brennt ein kleines rotes Licht. Am Monitor kann man nun unter der grünen Linie noch weiße Wellen sehen. „Daran erkennen wir, wieviel frische Luft du atmest."

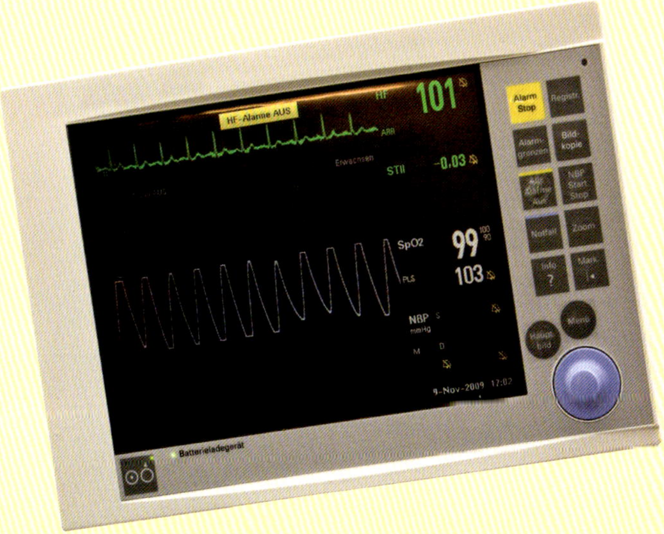

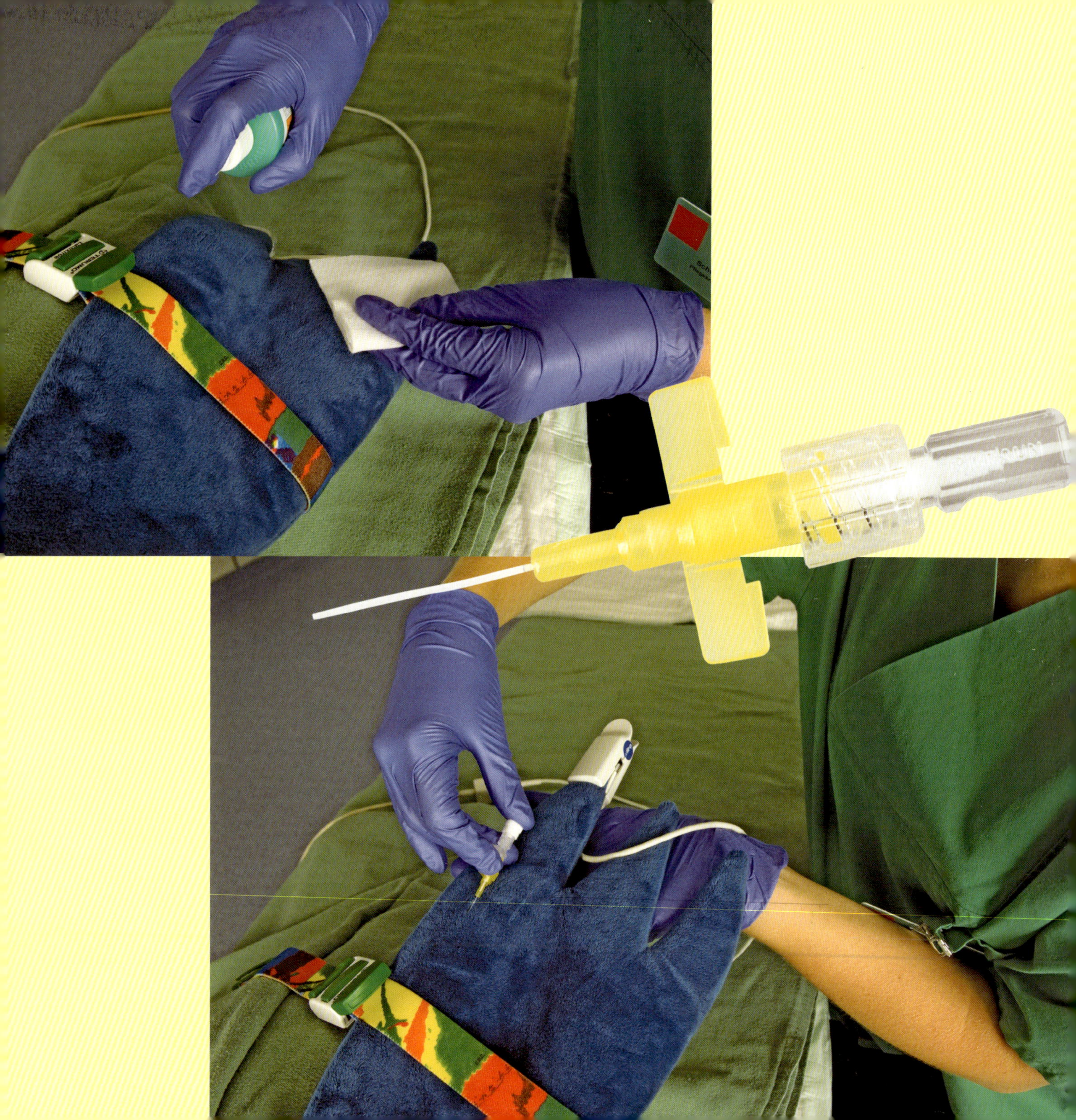

„Und jetzt, Kuno, müssen wir noch den kleinen Plastikschlauch in deine Blutbahn einführen", bereitet Doktor Pit Kuno auf den Piks vor. Er legt ein schmales, buntes Band um Kunos Flügel.

„Wozu ist das?", fragt Kuno.
„Wir befestigen dieses Band einen Moment um deinen Flügel. So können wir deine Blutbahnen besser sehen. Aus einer bunten Schar von Schmetterlingen suchen wir uns denjenigen aus, der am besten in deine Blutbahn passt."

Aus den Augenwinkeln bemerkt Kuno einen kleinen gelben Schmetterling, den Rosi in ihrer Hand hält. Er wäre recht hübsch anzuschauen, wenn da nicht eine klitzekleine Spitze an seinem Ende wäre. Diese Spitze ist aber so klein, dass man sie kaum sehen kann. Doktor Pit entfernt das Pflaster von Kunos Flügel. Er besprüht die Stelle mit einem Spray. Es fühlt sich ein wenig kalt an. Kuno hofft nun sehr, dass das Zauberpflaster seine Wirkung getan hat, denn vor dem Piks fürchtet er sich sehr. Rosi beugt sich über Kunos Flügel. „Jetzt drückt es ein bisschen."

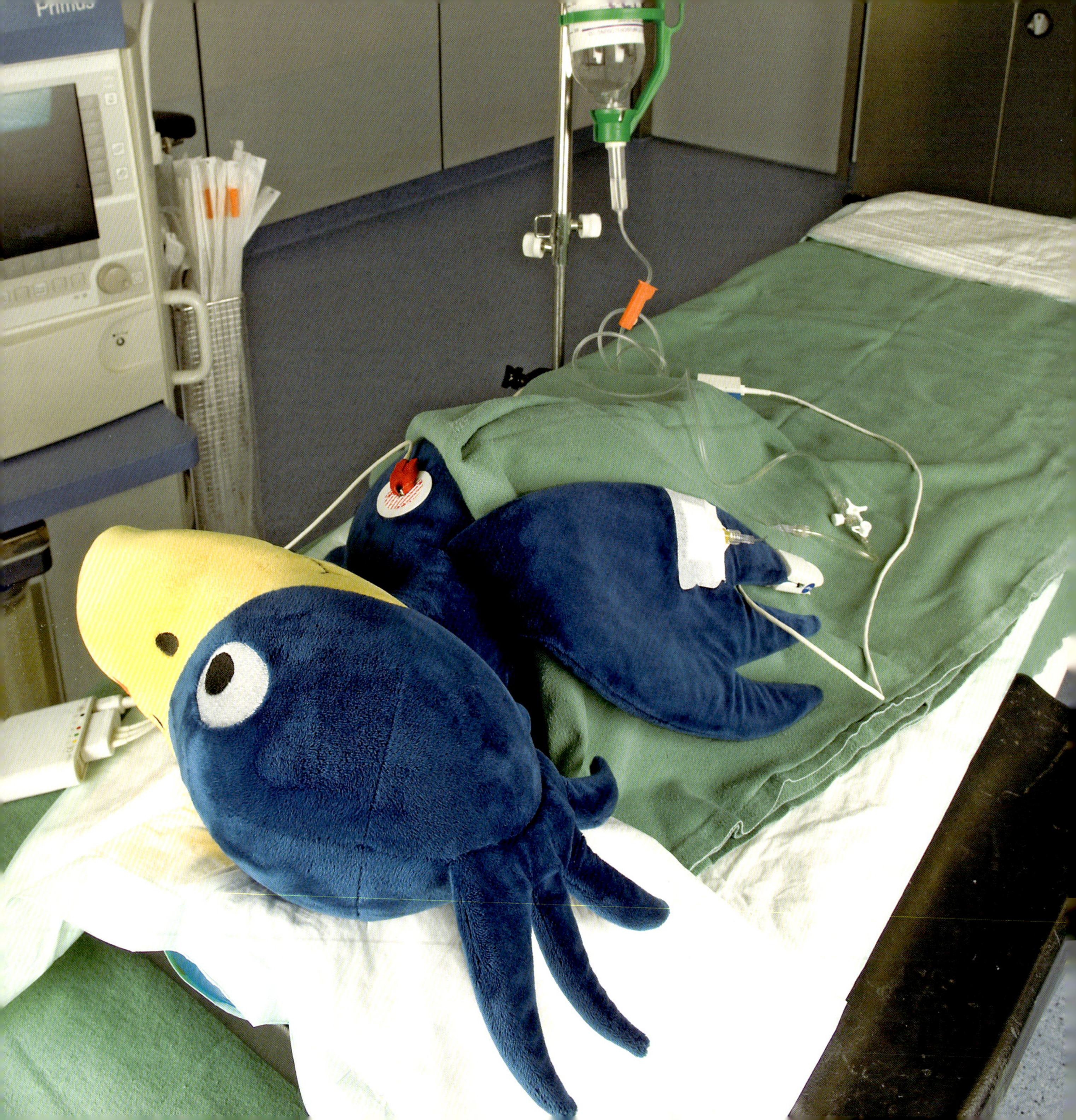
Primus

„Krah, kraaah, kraah", krächzt Kuno, „kräh ... kräh ... krääääh ... es tut gar nicht weh." Schon ist die Spitze mit dem klitzekleinen Schlauch in Kunos Blutbahn verschwunden. Sichtbar bleibt nur der kleine gelbe Schmetterling. Sorgfältig klebt Rosi ihn fest.

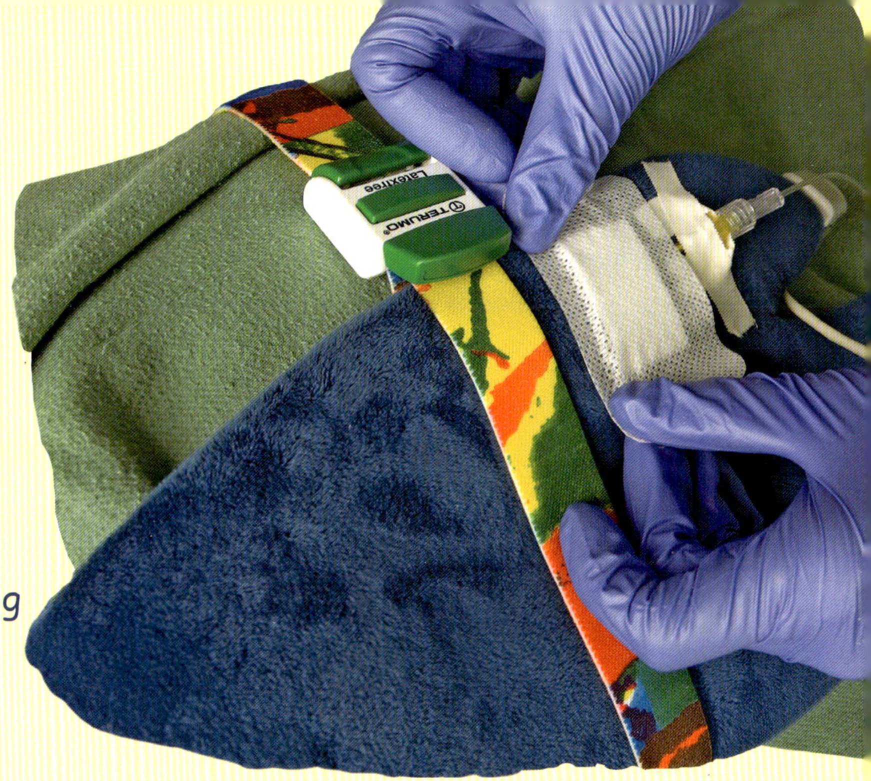

An den Schmetterling wird ein Schlauch angeschlossen, durch den aus einer Flasche klare Flüssigkeit tropft.

„Was ist das?" will Kuno wissen.

„Das nennt man Infusion. Es ist eine reichhaltige, spezielle Limonade für die Blutbahnen. Sie läuft durch den Schlauch in dein Blut. Das bekommst du, damit du keinen Durst und Hunger hast", erklärt Doktor Pit geduldig.

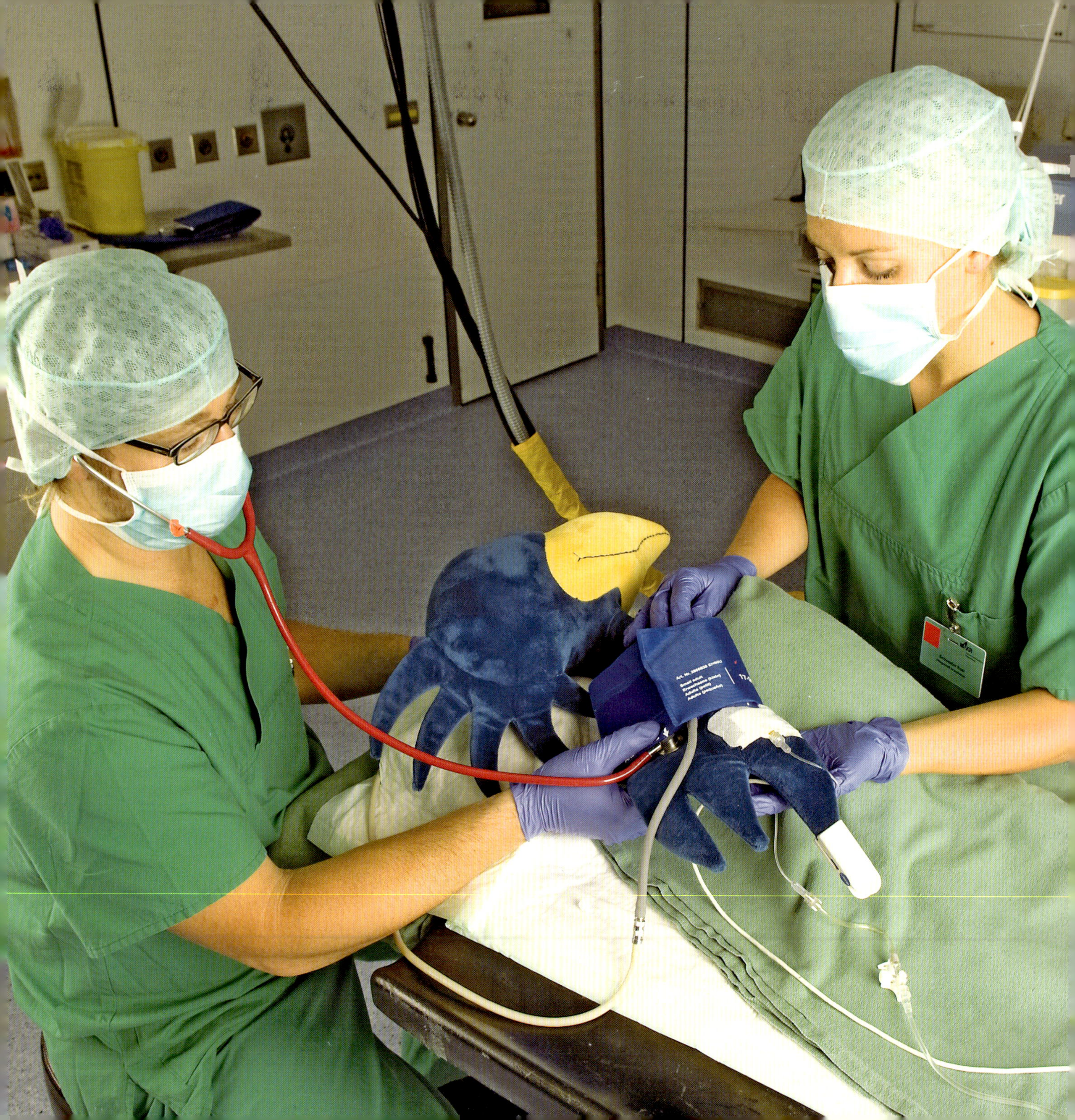

„Du warst sehr, sehr tapfer, Kuno", lobt Rosi, „jetzt passiert nichts mehr, was wehtut."
„Ich habe hier nur noch eine Manschette, die ich dir um deinen Flügel machen möchte. Sie pumpt sich kurz auf und wir können so messen, wie stark dein Herz arbeitet."

Im Stillen wundert sich Kuno, was die hier alles machen, um auf ihn aufzupassen. Rosi legt die kleine Manschette um seinen Flügel.

Doktor Pit nimmt eine kleine Maske, die an den Schläuchen befestigt ist. Aus der Maske strömt viel gute Luft heraus. „Kuno, die halte ich dir jetzt vor deinen Schnabel. Bitte atme ganz tief ein und aus." In die andere Hand nimmt Doktor Pit den Schlauch mit dem schlaffen Luftballon. „Schau her, schaffst du es, ihn richtig aufzublasen?" Klar schafft das Kuno. Der Ballon wird prall und praller.

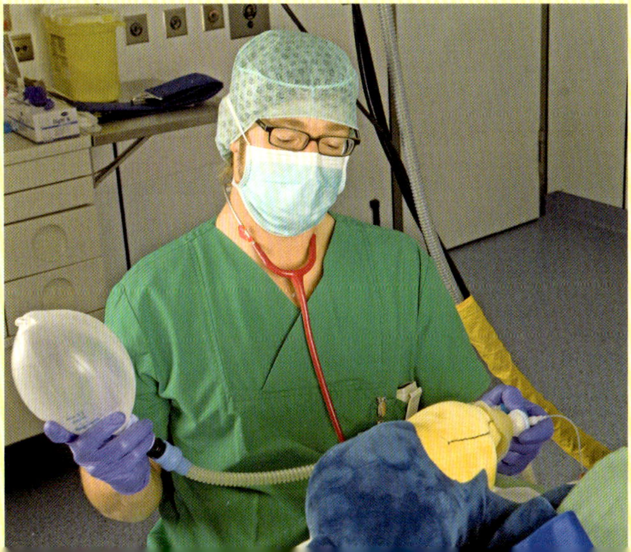

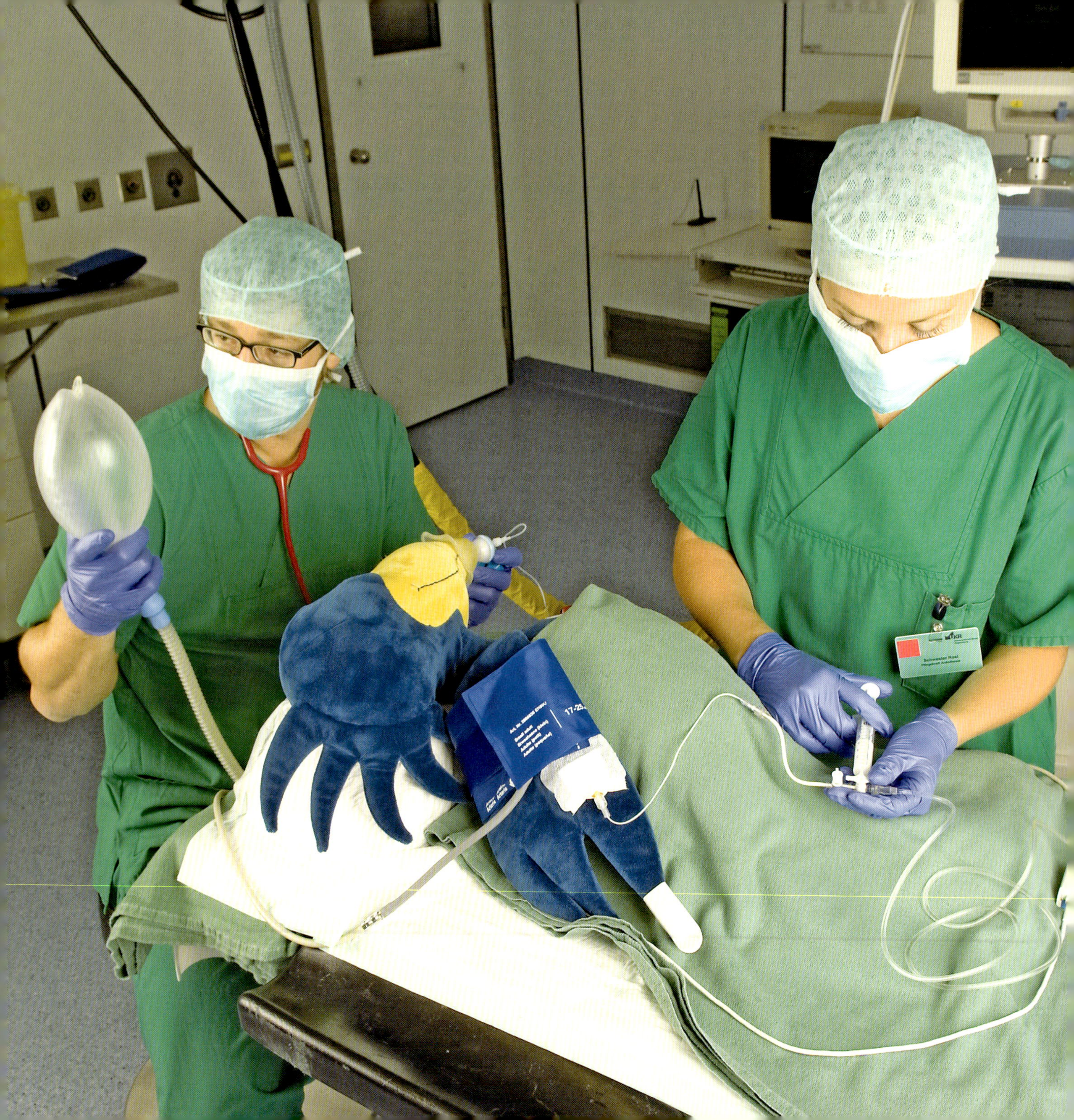

Rosi hat sich unterdessen eine Spritze mit weißer Flüssigkeit genommen. Sie steckt sie auf den Schlauch, der zu Kunos Schmetterling führt.

„Es kann sich jetzt an deinem Flügel gleich ein wenig warm anfühlen", sagt Rosi. „Hast du dir schon überlegt, wovon du träumen möchtest?" fragt sie Kuno.

Kuno versucht den beiden zu erklären, dass er sich wünscht, auf einer großen, schwarzen Lokomotive zu fahren.

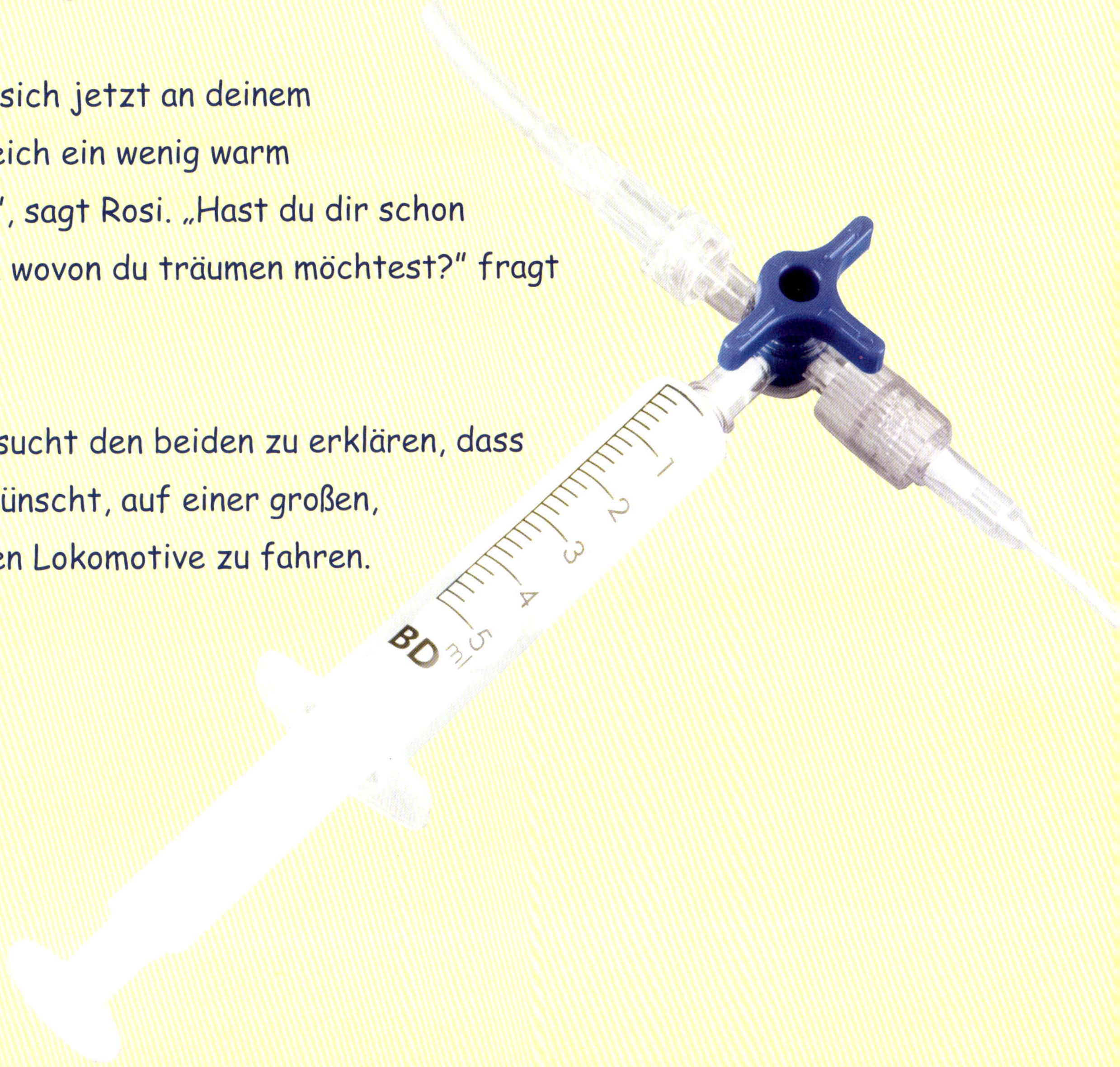

Plötzlich steht genau diese große, schwarze Lokomotive vor ihm. Sie tutet dreimal laut.
Kuno klettert auf die Lok und nimmt stolz im Führerstand Platz. Er überlegt, welchen der vielen Hebel er nun betätigen soll, damit der Zug losfährt. Vorsichtig drückt er auf einen Knopf. Die Fahrt geht los. Draußen sieht er Henriette mit ihrem Roller. Die Lok wird immer schneller. Lokomotivführer Kuno blickt stolz aus dem Fenster.

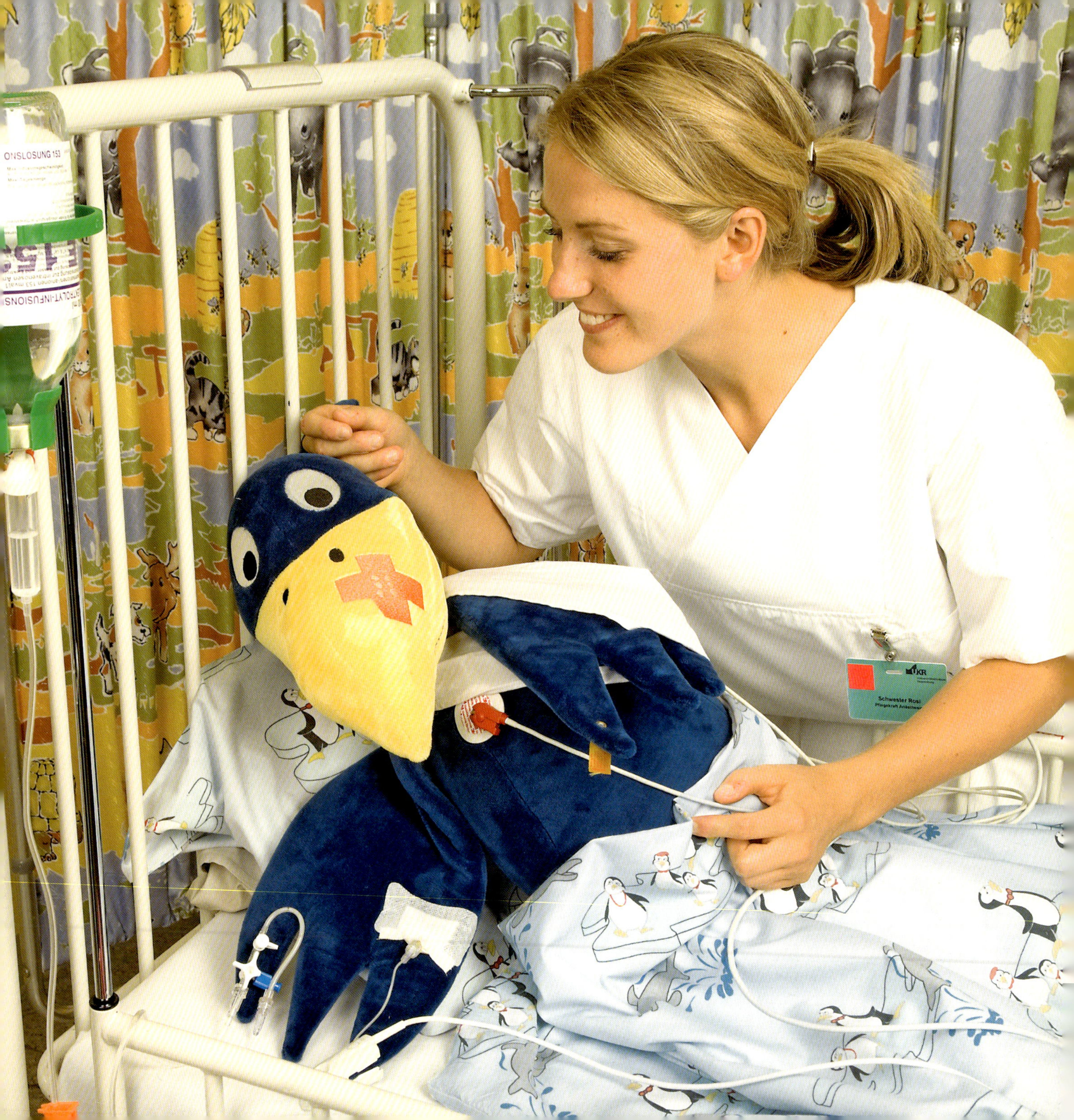
ONSLOSUNG 153
UKR
Schwester Rosi

Gerade als er die Hupe betätigen will, spürt er, wie ihn jemand sanft über den Kopf streichelt.

Wie von weitem hört er eine Stimme: „Kuno, mach die Augen auf, du kannst aufwachen, die Operation ist vorbei!" Fast widerwillig öffnet er die Augen. Gerade wollte er noch hupen. Wieder stupst ihn jemand sanft und sagt: „Kuno, Augen aufmachen!" Vorsichtig zwinkert Kuno. Da steht Rosi.

Er liegt in einem Bett mit flauschig bunter Bettwäsche.
„Hallo Kuno, endlich ausgeschlafen?" fragt Rosi.
„Wo bin ich denn hier?" murmelt Kuno noch ganz benommen.
„Du bist hier im Aufwachraum. Du hast dir doch eine Feder gebrochen."
Ja, was war mit seiner Feder? Kuno schaut an sich herunter. Sein verletzter Flügel liegt in einer weißen Schlinge, die um seinen Hals gebunden ist.

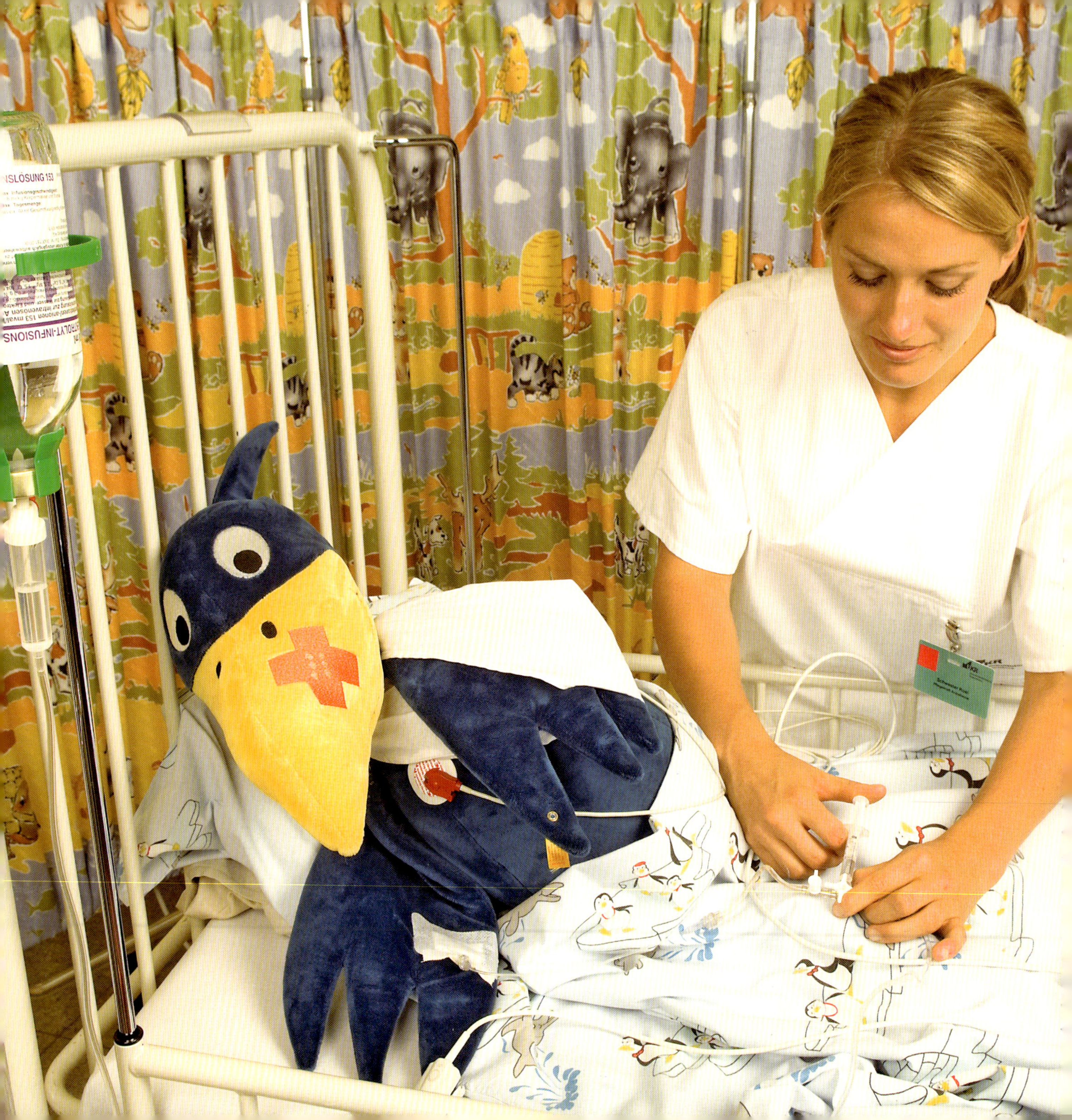

„Tut dir der Flügel noch weh?" fragt Rosi.
„Nur ein bisschen", meint Kuno.
„Na, dagegen unternehmen wir schnell etwas. Du hast doch noch den gelben Schmetterling in deiner Blutbahn. Darüber bekommst du jetzt ein Mittel gegen die Schmerzen."
In den kleinen Schlauch, der zu Kunos gelbem Schmetterling führt, spritzt Rosi ein Medikament. Nach kurzer Zeit stellt Kuno fest, dass ihm überhaupt nichts mehr wehtut. Kuno bekommt ein wenig Tee zu trinken. Großen Durst hat er nicht. Schließlich hat er ja eine Infusion mit der speziellen Blutbahnen-Limonade über seine Vene bekommen.

Kuno betrachtet staunend die bunten Tiervorhänge, die zwischen den Betten angebracht sind. Rosi kommt wieder zu Kuno zurück. „Nachdem es dir jetzt so gut geht und dir nichts mehr wehtut, können wir den Schmetterling aus deiner Vene entfernen."
„Tut das weh?" überlegt Kuno.
„Nein, überhaupt nicht. Ich muss nur ein wenig auf die Stelle drücken. Es kann ein wenig ziepen, wenn ich das Pflaster abmache."

Pudding

Schwups, draußen ist der kleine gelbe Schmetterling! Es ist überhaupt nicht schlimm gewesen. Rosi drückt noch ein wenig auf Kunos Flügel und klebt dann ein wunderschönes Pflaster auf die Stelle. „Jetzt kommst du in ein Zimmer der Kinderstation. Gute Besserung und besuch uns doch einmal", verabschiedet sich Rosi von Kuno.

Auf der Kinderstation angekommen, stellt Kuno fest, dass er großen Hunger hat. Zum Abendessen bekommt er ein Brot mit einer lustig lachenden Wurst und eine ganz große Schale mit Schokoladenpudding.

Plötzlich öffnet sich die Tür und seine Freundin Henriette kommt zu Besuch. Sie weiß, dass kleine Patienten nach einer Operation nicht lange gestört werden sollen. Henriette freut sich aber sehr, dass es Kuno schon besser geht.

Gut ausgeschlafen wacht Kuno am nächsten Morgen in seinem bunten Bett auf. Durch das Fenster hört er Vogelzwitschern.

Jetzt putzt sich Kuno ordentlich seinen Schnabel. Es gibt Frühstück. Er verspeist ein großes Marmeladenbrot und trinkt ein Glas Milch.

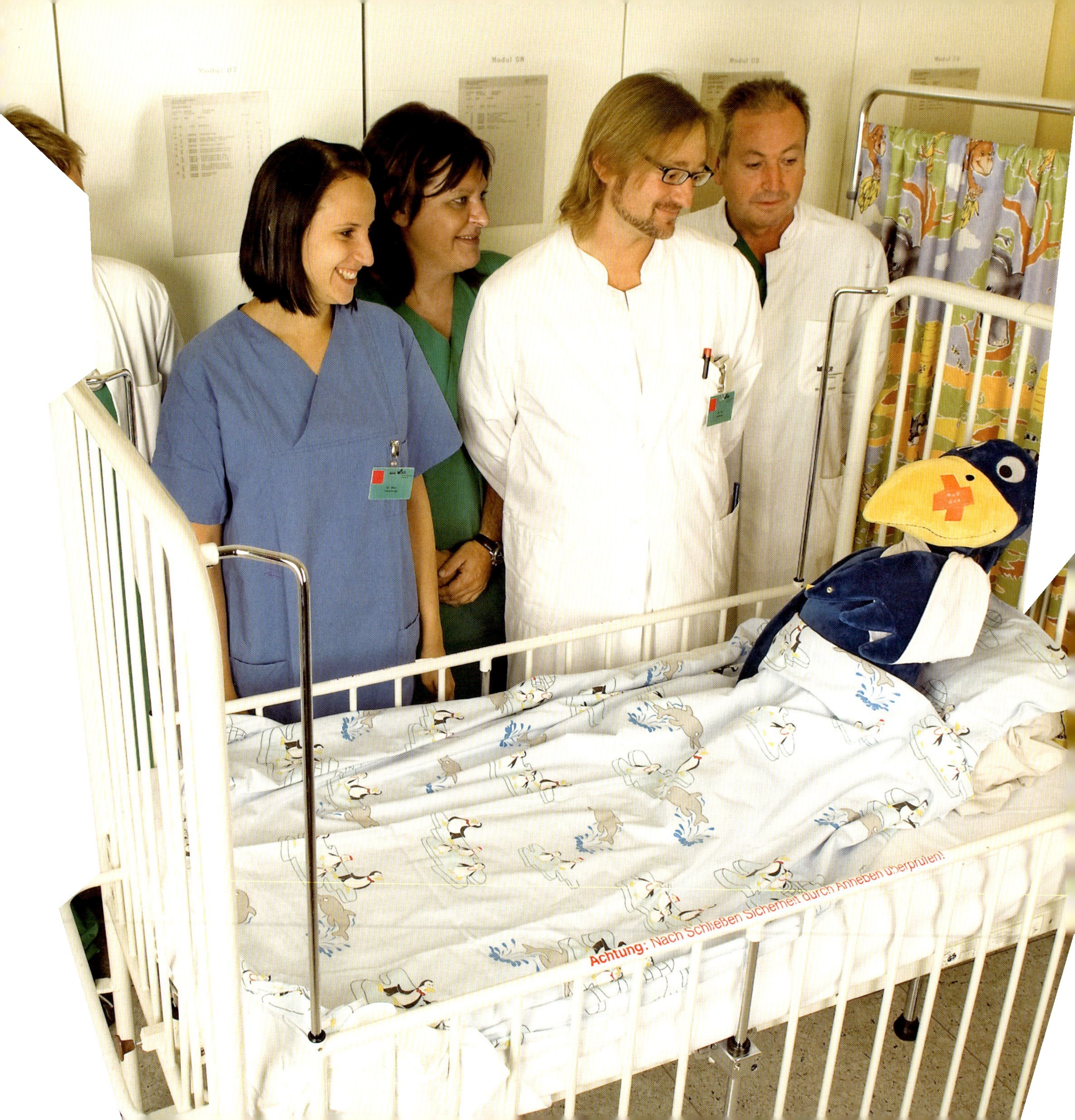
Modul 07
Modul 08
Modul 09
Achtung: Nach Schließen Sicherheit durch Anheben überprüfen!

Dann klopft es an der Tür. Viele Leute in weißen Kitteln betreten das Zimmer. Es sind Ärzte und Pflegepersonal. Sie nennen das Visite. Aber Kuno weiß, dass Visite nur ein anderes Wort für Besuch ist. Er freut sich über die vielen Menschen, die alle wissen wollen, ob es ihm gut geht. Nach einer weiteren, gründlichen Untersuchung verkünden sie Kuno: „Du bist wieder gesund und darfst nach Hause."

Endlich holt ihn Henriette ab. „Alles ist wieder gut. Ich darf schon nach Hause. Ein bisschen soll ich noch auf meinen operierten Flügel aufpassen, meinten die vielen Doktoren. Das Pflaster auf meinem Schnabel muss noch zwei Tage kleben bleiben", plappert Kuno aufgeregt. „Und stell dir vor, in meinem Narkosetraum war ich Lokomotivführer. Mit einer großen, schwarzen Lokomotive bin ich ganz allein durch die Landschaft gefahren." Kuno erzählt und erzählt.

Fragespiel
Bild zum Ausmalen

Henriette kommt überhaupt nicht dazu, ihm ein paar Fragen zu stellen. „Jetzt möchte ich auch etwas fragen", unterbricht sie ihn endlich. „Wie ist das eigentlich, wenn man eine Spritze bekommt?"

„Gar nicht schlimm. Die haben hier Pflaster mit einer Zaubersalbe. Danach spürst du gar nichts."

„Sind die Leute hier nett?"

„Alle waren ganz lieb zu mir und haben mir alles ganz genau erklärt."

„Tut dir wirklich nichts mehr weh?"

„Nein, gar nichts."

„Weißt du Kuno, ich würde ja auch so gerne mit einer großen, schwarzen Lokomotive fahren", wünscht sich Henriette.

Nun wird es aber Zeit, das Krankenhaus zu verlassen.

Henriette und Kuno machen sich auf den Weg.

Autorin und Verlag danken der KUNO-Stiftung und dem Universitätsklinikum Regensburg, der Stadt Regensburg und der Fa. Steiff in Giengen/Brenz für die freundliche Unterstützung.

Ein besonderer Dank gilt den Schauspielern Eva-Maria Bräu (Dr. Maxi), Laura Zapf (Schwester Rosi), Holger Wilhelm (Dr. Pit) und dem KUNO-Team, insbesondere Dr. Hans Brockard und Antje Schlagenhaufer. Mit ihrem Einsatz wurde die Umsetzung des Projekts erst möglich.

Impressum
Herausgeber: Dr. Peter Morsbach Verlag, Regensburg, 2009
Gestaltung und Satz: Suppmann & Richter Werbeagentur
Fotos: Gerald Richter, Hans-Peter Zierer (Seite 42 und Ausgangsbilder für Seite 36 und 37)
Text und Idee: Martina Ischar
Druck: Erhardi Druck, Regensburg

Bibliographische Informationen der Deutschen Bibliothek
Die Deutsche Bibliothek verzeichnet diese Publikation in der Deutschen Nationalbibliographie; detaillierte bibliographische Daten sind im Internet unter http://dnd.ddb.de abrufbar.

Unser komplettes Verlagsprogramm finden Sie unter www.drmorsbachverlag.de.

Weitere Informationen zur KUNO-Stiftung unter www.kuno-ostbayern.de